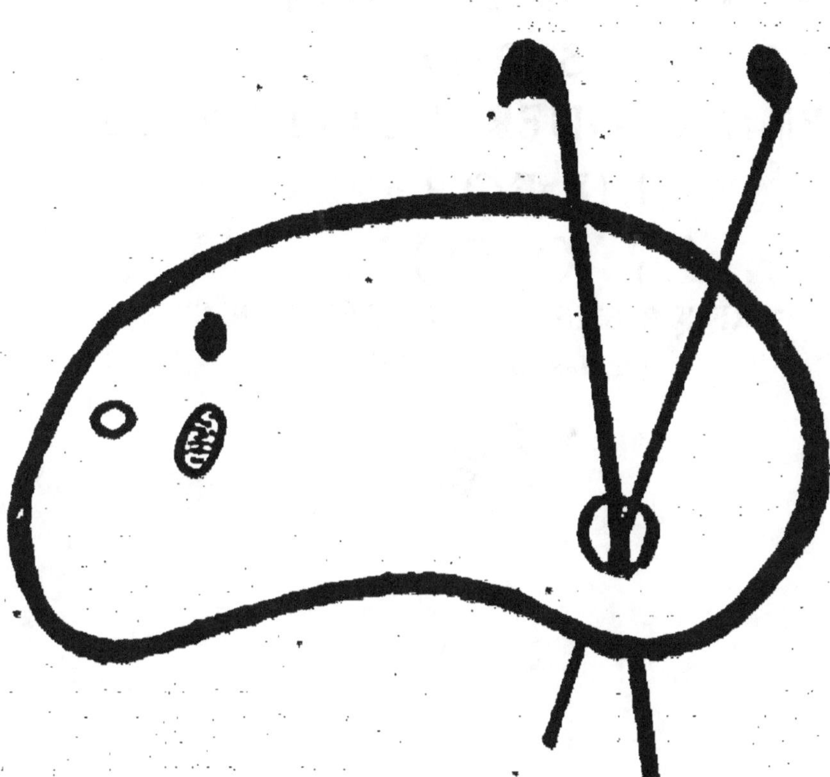

ORIGINAL EN COULEUR
NF Z 43-120-8

QUELQUES DOCUMENTS
SUR LA
PREMIÈRE GUERRE RELIGIEUSE
EN FOREZ
(1562)

RECUEILLIS & COLLIGÉS PAR
Le Marquis D'ALBON.

IMPRIMERIE ÉLEUTHÈRE BRASSART
RUE DES LEGOUVÉ, 20
MONTBRISON
1897.

QUELQUES DOCUMENTS
SUR LA
PREMIÈRE GUERRE RELIGIEUSE
EN FOREZ
(1562)

RECUEILLIS & COLLIGÉS PAR
Le Marquis D'ALBON.

IMPRIMERIE ÉLEUTHÈRE BRASSART
RUE DES LEGOUVÉ, 20
MONTBRISON
1897.

QUELQUES DOCUMENTS
SUR LA PREMIÈRE GUERRE RELIGIEUSE
EN FOREZ, 1562.

I.

PROCÈS CONTRE JEHAN FILZ DE FEU JEHAN DE ROYN, POUR QUELQUE ILLICITE PILLAGE ET LARRECIN PAR LUY FAICT DERNIEREMENT A LA PRISE DE LA VILLE DE MONTBRISON EN FORESTZ, A ESTE MIS AU COLLIER TROIS HEURES ET BANNY PERPETUELLEMENT, XIe D'AOUST 1562 (1).

Le procès criminel fait et formé par devant nous très honorés seigneurs Syndiques Juges des causes criminelles de ceste cité à l'instance et prosequution du seigneur lieutenant ès dites causes instant contre Jehan fils de feu Jehan de Rouin de Molans frontiers de Normendie.

Lequel, estant constitue prisonier, a volontairement confesse que, huit jours au paravant la prise de la ville de Monbrison en Forestz, il cacha en certain estable de la mayson dun qui avoit este au paravant son maistre, par le commandement d'une sienne sœur, une croys, une platine, ung calice et une custodie d'argent qui avoynt este baillies en garde a lad. femme par sond. frere qui avoyt charge de retirer telz meubles d'esglise pour l'evesque de Gap (2). Et ce pour eviter que lesd. choses ne fussent prises par les ennemys. Estimant les avoir par ce moyen mis en lieu seur et hors de tout dangier

---

(1) Archives de Genêve. Procès criminel n° 1057.

(2) Il est à noter que l'évêque de Gap n'est autre que Gabriel de Clermont (1527-1571) lequel avait embrassé la Réforme et sur lequel on peut voir *Gallia Christiana* I, p. 469, et Albanès, *Gallia Christiana novissima*, col. 516-517

se confiant en la preudhomie et loyaulte dud. Jehan. Et advenant le jour de la prise de lad. ville apres que pour sauver sa vie il se fut rendu a certain seigneur nomme en son proces avec lequel il avoyt quelque cognoissance. Estans quelques uns des souldars de la compagnie dud. seigneur entrez en propos avec luy comment ilz porroient trover quelque tresor et bon butin. Iceluy Jehan comme deloyal contrevenant a son debvoyr, sans estre aucunement contrainct ains de son propre movement leur dit et declaira quil en savoit bien un en la susd. mayson que luy mesmes y avoit cache. Ce questant declaire par lesditz souldars et confirme par ledit Jehan audit seigneur il les mena tous à environ neuf heures de nuict en la mayson de sond. maistre et alendroit ou il avoyt cache lesdites choses desquelles ilz prindrent seulement une partie assavoir la croys et la platine dargent lesquelles choses ayans mises en pièces. Ilz se partirent entre eux et luy en firent part et portion pource quil le leur avoyt revele de laquelle il a este trove saysy l'apportant en ceste cite. Et davantage lesd. soldars ayans aussy pris le drap de soye de certaine chappe, icelluy Jehan print paraillement de la toille verte dont elle estoit doublee de laquelle il s'est accoustre comme on le voyt presentement.

Et comme plus a plein est contenu en son proces.

Responces de Jehan filz de feu Jehan de Royn de Molans païs confrontant a la Normandie faictes es mains de monsieur le lieutenant, ce 4 daoust 1562.

· Lequel apres avoir preste serment de respondre la verite.

Interroge despuis quant il est detenus et la cause pourquoy. Respond quil est detenus despuis na guere parce que lon pensoit que il fust espion.

Interroge de quel art il est. Respond quil est escarcellier.

Interroge quil est venu faire en ceste cite. Respond quil est venu tant pour ouyr les presches pour estre instruict en la parolle de Dieu, que pour y trouver maistre.

Interroge s'il est point marie. Respond que non.

Interroge dont il vient. Respond quil vient du pays de Forest ou il demorait avecq ung maistre escarcellier et boursier, auquel il fust oste toute sa marchandise, et sacage tellement quil navoit moyen de plus lentretenir.

Interroge sil a pas este trouve saisy de largenterie qui a luy a este trouve ass. (*sic*). Respond que ouy.

Interroge de qui il a heu lad'. argenterie ou de despuis quant et quil le nomme Respond quil a heu dud. argenteur a la prise de Montbrison et le trouverent luy et deux aultres soudardz cache et foulle dans terre en ung estable et layant trouve le se partirent et eust a sa part ce qui lui a este trouve.

Interroge sil estoit soudard aud. lieu. Respond que non.

Interroge sil estoit demorant aud. Montbrison et avecq qui. Respond quil demoroit avecq ung secretaire de la Royne qui sen alloit pour persecuter les evangelistes, et estoit du coste des papistes, et demora avecq ung maistre aguilletier, daultant que voullant sortir de la ville il fust empesche.

Interroge quil declare comment il a heu led. argent. Respond que sondict maistre le secretaire de la Royne se partant de la ville pour trouver les evangelistes il baillast en garde aud. Jacques et a une femme nommee la dame lenquestuse soyent asse[avoir] lesd. platine, une croix, ung calice, une coustode dargent pour garder si les ennemys venoyent et lesquelles choses ils cacherent dans la terre un estable et advenant que la ville est passee du coste des evangelistes certains soudardz le contregnent a le manifester mettant la main a lespee et la luy presentant ce qu'il fist et estans en nombre de quatre se partirent lad. argenterie et en heust a sa part ce que luy a este trouve.

Interroge en delivra le reste. Respond quil est demore cache en lad. stable de lenquesteur Ponier ou il y a ung calice, une custode dargent encontre une muralle dud. estable asc. la custode en un corps destable et le calice en ung aultre lieu.

Interroge qui lavoit baille a son maistre. Respond quilz avoyent estes bailles de la part de levesque de Gast (*sic*) a son maistre qui avoit charge de les retirer.

Interroge si est pas vray que les evangelistes estans entrez en lad. ville il se mist pas de leur coste et sil pilla pas ce quil scavoit et qui ly encor estoit baille en garde, de mesmes ladicte argenterie. Respond que ouy et revelast esd. troys soudardz led. buttin dont il eust sa part.

Interroge qui luy a baille la bourse. Dict quelle estoit en ung petit guesson de cuyvre ou il y avoit des petis os et reliques et une petite botelle de cuyvre.

Interroge qui eust led. petit escrin. Respond quil le laissa la ou il trouva lad. bourse.

Interroge dont il a heu langellot qui luy a este trouve dans la bourse. Respond quil a heu largent de ses gages et la tousiours garde despuis la mort du roy Henry.

Interroge si estant interroge quel il estoit il n'a pas respondu quil est estoit soudard. Respond que ouy combien que a la verite il nestoit point soudard mais serviteur comme cy dessus a dict.

Responces de Jehan filz feu Jehan de Royn de Meulans neuf ou dix lieues de là en Normandie, es frontieres, le 5ᵉ daoust 1562.

Aiant jure etc., interroge pour quoy il est detenu, respond que cest pour ce qu'il a este trouve saisy de quelque relique quil eut de la dernière prise faicte a Montbrison, et y servoit le secretaire de la royne aud. Montbrison il y a environ quatre ans, suyvant la Cour jusques des ung an en ça quil revint, et que sond. maistre sen alla en Auvergne, il se mit au service de certain aiguilletier, et il fust pris par les ennemys qui le vouloient faire mourir jusques il leur eut revele quelque chose et lors il leur enseigna une croix couverte d'argent le dedans de boes et une platine, et cela estoit dans la terre ou lui mesme l'avoit cache.

Interroge qui ly avoit baille respond que cestoit son maistre monsieur de la Forest (1) qui lavoit laissé à son logis, qui

---

(1) Monsieur de la Forest doit être identifié avec monsieur Paparin, seigneur de Forests (Et. du Tronchet, *Lettre* 219). Le prieur de Savignieu était Pierre Paparin sacristain, puis doyen de Notre-Dame de Montbrison, 21 novembre 1560, (Cf. F. Renon, *Chr. d. N.-D. d'Espérance*, p. 209, 263).

avoit charge dune eglise appelle Savigneu pour levesque de Gap, auquel il envoioit à Paris, et le meilleur y est encor, ascavoir ung calice une custode, et daultres choses et de la vaisselle, et me ? voulut enseigne, et le calice est en lestable et son maistre avoit laisse la croix a une siene seur madame lenqueteuse Poincte (1).

Et son maistre le laissa et ne le voulut suyvre pource qu'il alloit avec les papistes et ly se mit avec ung aiguilletier fidele et lesd. ennemys estans entrez le vouloient tuer pour ce quil estoit arme, sa foy le sauva, et se mit a genoulx devant M. le baron des Adres, et demouroit led. aiguilletier en bas de la maison de son maistre, et vint ung assaut huict jours avant que la ville fust prise et madame ly dict qu'il l'alla serrer ce quil fit et serra ce qui y est, asscavoir la platine, la croix pres dune muraille dans lestable, et le calice en ces mesme estable pres dune aultre muraille.

Interroge qui le scait avec ly. Respond personne quelle.

Interroge pourquoy il ne prit le reste : respond pour ce quil nen vouloit pas prendre et cela veut rendre, a son maistre mays de peur de perdre la vie il le revela, le reste estoit pour son maistre et sauva le moindre a celle fin de sauver le reste a son maistre et de peur de se trouver infame envers son maisrre, et apporta cecy pour apprendre ung mestier.

Interroge sil estoit pas arme a Montbrison comme les

---

(1) Le véritable nom de l'enquesteur doit être Poinet. Cf. arrêt du 18 mars 1559 (v. style) « entre messires Jehan Gras et Jehan Poinet enquesteurs au bailliaige de Forest demandeurs en reiglement d'une part et messire Claude Trunel chastellain de Montbrison, messire Jean Papon lieutenant civil et criminel aud. bailliaige de Forest, messire Pierre Faverjon et Pierre Darmes examinateurs aud. bailliaige, lesd. Trunel et Papon defendeurs aud. reiglement et lesd. Faverjon et Darmes intervenans aud. proces et aussi demandeurs en reiglement contre lesd. Gras et Poinet defendeurs d'aultre et encores lesd. Trunel demandeur en requestre dune part et led. Papon defendeur d'autre » (Arch. nat. X¹ᵃ, 1593, fo. 263 v°).

aultres le nye, et ne se deffendit pas et besoignoit tousiou
a ce quon lenvoiait.

Interroge combien ilz estoient, respond trois, et ly bai
lerent de la prise sa part, et ne pensoit pas faire mal
prendre cela, et venoit en bonne volonte, pour estre instrui
en la saincte escriture, et pour apprendre son mestier.

Interroge ou il a employe et mis le reste ; respond quil (
en lestable, respond que ly est en Forestz a Montbrison (
lestable et si cela ne se treuve veritable il a veu (*sic*) ave
le fuet par la ville et les deux oreilles copees, et se trouve
comme il le scait bien tres vray, et toute la vaisselle.

Interroge de quel coste ; respond quil est au milieu de
muraille dans la terre de lestable, et ung aultre coste (
au coing de la mangeoire entre une aultre muraille, a lault
corps destable, et la ou on mettoit les fagotz ainsy que
treuve une porte a deux pas prest, et cest le calice et la cu
todie, et la vaisselle, Madame en a la clefz, a la muraille (
milieu quest entre deux et nest plus profond en terre guer
plus de deux pied, et vie (*sic*) sad. maitresse ou il deterra (
quil porte mays ce qui est encor là elle ne le scait pas, ou
bien ? le reste de la vaisselle.

Interroge pourquoy il ne dict cela a commences ; respor
quel ne pensoit pas parler a la justice, et quant cy publiqu
ment.

Interroge sil dict pas quil le presenta au capitaine et qu
ly avoit donne le pilliage ; respond que cela estoient mei
songes.

Interroge si quant ilz le menaçoient de le faire mourir
leur dict pas que silz ly vouloient faire part, il leur declar
roit, le nye, mays le ly baillarent en verite.

S'il a pas dict quil estoit des fidelles ; respond quil entei
en estre pour estre venu en ceste ville.

Interroge quest ce quil a pris daultre ; respond navoir rie
pris.

Interroge sil sen voulut pas sortir avec les papistes d
Montbrison, sil a pas cela dict mays quon lempescha ; respon
quil sen fust bien sorty sil eut peu mays les portes estoien
toutes barrees, quil a party ?

Sil a pas pris des accoustres deglise comme de chasuble, le nye, sinon de toille verte questoit pour la doubleure de chasuble de laquelle les soldatz prirent la soye.

Si voians que les chrestiens entroient dedans il se mit pas de coste des papistes; le nye, meys leur dict sauves moi la vie et je vous enseignerai quelque chose.

Sil cognoit point quelz soldatz sestoient; le nye, et nen (?) fut pas ung quart dheure avec eulx, et sen estant alle la gendarmerie, il y demora bien encor huict jours et demora chez la sœur de son maistre et chez ung chanoyne que estoit frere de son maistre.

Interroge de qui il a eu langelot quil a; respond quil y a plus de quatre ans quil a et la espargne, et amasse et estant a la cour il y avoit cinq solz a despendre pour jour et lespargnoit.

Interroge quest ce quil a derobe daultre; respond rien daultre et nen scait point en verite.

Interroge si leglise de laquelle son maistre avoit charge estoit pas une moynerie; respond quoy.

Interroge ou il a cache les ornemens et reliques dicelle eglise; dict ne le scavoir.

Interroge combien il en a tue; dict nen avoir point tue et nestoit dun coste ny dautre, mays estoit serviteur et travailloit de son mestier.

Interroge ou il a cache le reste; dict nen avoir point cache daultre.

Sil veut pas confesser la verite; respond lavoir dicte, et a dict ce quil a faict et ne veut rien celer.

Sil a pas derobe cela, le nye.

Remis a continuer.

Repetition dud. detenu, le VIe daoust 1562.

Aiant jure etc., sestant mis a genoulx a prie ly pardonner pour ce quil a offence la justice en ce quil na dict la vérité et la dira.

. Cest quil ne tient la vie sinon de celuy qui la sauve, et estant chez lenquesteur Poinet a Montbrison quand la bresche fust faicte il oyt crier tue tue, il sencourut chez monsieur Nyol le filz de mademoiselle Tuolier de la compagnie des fidèles et se sauva ceans et salla cacher dans de foing ayant peur pour ce qu'on tuoit tout, et monsieur Nyolle fut bien decheri (?) aveoir apres que lenfanterie fut entre. Et y avoit deux soldatz a la porte qui gardoient et ne lassoient entrer personne pensans avoir bon bien ceans, et ne scavoient que ce fust sa maison et quant il fut entre il salla jeter à genoulx devant luy, lesd. soldatz le voiantz le volurent .uer, mays led. sieur de Nyole dict ne le tuez pas cest mon palefrenier et luy sauva la vie.

Apres ces soldatz dirent a monsieur il y a des gens cachez ceans il faut chercher, led. sieur dict derechiefz quil estoit son palefrenier et quil y avoit longtemps quil servoit luy et sa mere et, ce faict, monsieur Nyole dict allons souper.

Et ceste fureur passe, ung de ces gens dict si nous scabvions quelque tresor nous le prendrions bien maintenant, ly detenu dict quil en scavoit bien ung et led. serviteur dict quil le falloit dire aud. sieur Nyole, et ce faict il lalla incontinent dire quil leur dict. Apres led. sieur le vint parler et ly demanda ou il estoit, il respondit en lestable de lenquester Ponnet et dict quil y fauldroit aller au soir, et y allerent la soiree et ses deux hommes et sur les neuf heures et revinrent pres de la mynuyt et fust rompue ceste croix et la platine, et une petite chose dargent. Ce qui fust defaict lendemain par led. sieur Nyole, et envoya querir les balances par chez lorfevre par son laquay, et le mestres le posa dans lestable sur un coffre et leur en bailla a chascung leur part et il bailla la platine aud. detenu et il bailla le plus pesant pour ce quil lavoit enseigne et ly remit le gros de la croix qui nestoit que de cuyvre, ung petit coffre de cuyvre pour les ossemens (?), et lalla monstrer au prevost Sadera (1).

Priant de pardouner de ce quil na dict la verite. Interroge comment il scavoit que ce tresor estoit la ; respond quil lavoit enterre luy mesme avec lenquesteuse Poincte et estoit a son maistre qui lavoit en garde.

Disant quil nestoit venu en ceste ville que pour apprendre la parolle de Dieu et apprendre ung mestier.

---

(1) Saduret. V. Aug. Bernard, *Histoire du Forez*, II, 121.

Dict aussy que le calice est encor la, comme il dict hyer, et avoir encor delibere de le rendre a son maistre et le faisoit pour lamour de monsieur Nyole qui ly avoit sauve la vie.

Interroge quil dit de lor et de largent quil a pris ; respond que des doze ans il na faict que deux maistres nul desquelz ne sest plainct de luy.

Interroge quest ce quil a pris davantage a Montbrison, respond navoir rien pris daultres sinon que les laquaitz dud. sieur Nyole ayans prins le taffetas dune chasuble ly prit la doubleure dont il sest accoustre pour ce quil estoit mal vestu.

Disant que sil y en avoit davantage il le diroit, et prie mess. de sen enquerir, se reputant bien heureux destre tombe entre les mains de messieurs.

Et fust environ huict jours a Montbrison apres la prise dud. lieu cependant led. sieur Nyoles estoit alle ailleurs.

Interroge combien il avoit demore auparavant, respond environ huict mois avec monsieur de Forest secretaire de la Royne, qui sen alla ung mois avant la prise, et estant la ville prise il estoit chez madame lenquesteuse Poncet et dela sen alla chez led. sieur de Nyoles avec lequel il avoit este aultrefois sur les champs, et avoit cache lesd. choses avec lad. dame.

Et encore y avoit ung tonneau la haut au grenier, dans lequel y avoit des chasubles, mays il ne leur declaira pas.

Et ne scauroit aultre chose dire et ne pense point avoir james faict tort a personne, et nosoit relever la verite afin quil ne fit tort aud. sieur Nyolle pour ce quil ne tient la vie que de ly.

Et fut ceans lespace de dix jours quil ne sosoit monstrer.

Remis a continuer.

Interroge de langelot, dict quil y a plus de quatre ans quil la, et la espargne de son argent quil avoit de gage a la cour, et souventes fois na beu ny mange quil avoit bien faim.

Repetitions dud. detenu le VIIIe daoust 1562.

Aiant jure etc ; interroge sil sest point readvise de dire la verite respond lavoir dicte, ascavoir questant chez M. lenquesteur il entendit crier a la bresche tue tue, et senfuyt chez monsieur Nyolle, et quant il fut venu sa mere y estoit et salla mettre tout droict dans le foin et entendoit bien les gens quon tuoit par les rues, et quand il entendit M. Nyolle il sen va jeter a ses pieds, et les soldatz le voiantz le vouloient prendre par le col et ly demandans sil avoit point des pateneustres, led. sieur de Nyolles dict quon le laissat et quil estoit son palefrenier, sur ce et ilz dirent il y a des gens cachez ceans pour ce que cestuy cy y estoit et de faict il y en avoit dautres caches qui scavoient bien quil estoit a la compagnie et quil sauveroit ceux de sa maison.

Quant lafaire fut passee, apres souper, le serviteur dict je voudrois bien scavoir quelque tresor, il ly dict jen scay bien ung, et ilz lallerent dire a monsieur Nyolle, et ly aiant demande, il ly dict que cestoit chez lenquesteur Poncet, et ly dict il faudra y aller toy et mes deux hommes, et ce faict y allarent environ les neuf heures. et apporterent la platine, et ceste chose, et trouverent une chape de laquelle il a faict ses acoustrements et le prirent dans la terre, dans lestable, ou luy mesme lavoit mis, et apartenoit a ung evesque sapelant monsieur de Gap, duquel son maistre avoit charge de retirer les reliques et les seigneuries et quant son maistre sen alla en Auvergne, il laissa les clefz a sa sœur, et estant done ung assaut precedent en la ville, il le resserra du commandement de sa maistresse.

Si elle ly bailla rien dautre, le nye, sinon ce quil a confesse quil mit en divers lieux.

Et mit le calice dans la terre au milieu de la muraille et la custodie au fin coing de la mangeoire du coste de deca et cest a la main gauche.

Sil y avoit pas dataltres reliques dict ne le scavoir et na rien pris daultre ny daccoustrements.

Interroge comment il a heu cela respond questant de retour il estoit nuyct lendemain il fust a rompre, et envoya querir les balances et le departit a ses deux serviteurs et a ly.

Remis a ordonner.

[Sentence]

Nous syndiques juges des causes criminelles de ceste cite aians veu le proces criminel faict et forme par devant nous a linstance et prosecution de nostre lieutenant esd. causes instant contre toy Jehan fils de feu Jehan de Royn de Moulans es frontieres de Normandie, par lequel et les volontaires confessions en noz mains faictes et par plusieurs fois reiterces, nous conste et appert, quau lieu destre feal et seur gardien de ce qui tavoit este commis pour le reserrer, tu las de toy mesme sans aucune contraincte revele et expose a pillage dequel tu as bien ose illicitement prendre part et portion, te monstrant en ce grandement deloial envers celle qui sestoit confiee en toy, cas de crime meritant griefve punition corporelle. A ces causes et aultres justes nous a ce mouvantes seans pour tribunal au lieu de nos ancestres selon nos anciennes coutumes. Après bonne participation de conseil avec noz citoiens. Aians Dieu et ses sainctes escritures devant nos yeulx et invoque son sainct nom pour faire droict jugement, disans au nom du pere du fils et du sainct esprit amen. Par ceste nostre diffinitive sentence laquelle donnons icy par escript usans plustost de misericorde que de rigueur, toy, Jehan de Royn, condamnons a debvoir promptement mettre les genoulx a terre criant mercy a Dieu et a nostre justice, confessant avoir mal et meschamment faict, et apres estre mis et attache au collier de fert devant nostre maison de ville par lespace de trois heures, et dela estre banny comme te bannissons perpetuellement de nostre cite et terres dicelle a les debvoir vuyder dans vingt-quatre heures et jamais ny revenir, a peine destre fuette publiquement par les carrefours de ceste cite et autour dicelle facon accoustumee. Pour donner exemple aux aultres qui tel cas vouldroit commettre.

Et a vous nostre lieutenant, commandons nostre presente sentence faictes mettre a deue et entiere execution.

Le 12 aoust 1562, la seigneurie de Genêve envoya à monsieur de Soubise la lettre suivante (Arch. de Genêve); copie de lettre D, f° 36.

A monsieur, monsieur de Susbise gouverneur de Lyon.

Nos amyables recommandations premises. Noble et honnore seigneur nous avons ces jours passez detenu en noz prisons ung jeune garcon nomme Jehan de Royn se disant de Molans es frontieres de Normandie naguieres demourant a Montbrison en Forestz pour avoir este trouve saisy de quelque argenterie deglise crestienne quil nous a confesse avoir pris dernierement avec quelques aultres aud. Montbrison en la maison de lanquesteux Poncet ou lui mesme lavoit cache avec quelques aultres ornements deglise quelques jours avant la prise de lad. ville ; pour lequel pillage oultre la punition exemplaire nous l'avons banny perpetuellement de nostre ville et daultant quil nous a dict y avoir encor ung calice et une custodie dargent cache en terre en lestable de lad. maison scavoir est led. calice au milieu et a l'endroit dune muraille en ung corps dud. estable environ demy pied dans terre, et la custodie au cuing dune mangeoire, contre une aultre muraille en ung aultre corps dud. estable a deux pas pres dune porte a main gauche, comme il dit, nous vous en avons bien voulu advertir afin que puyssiez donner ordre selon votre prudence que lesd. choses soient retires de la pour estre appliquees a meilleur usage et quant a ce dont led. Jehan a este saisy qui monte en fin environ ung marc et quatre onces dargent si ceulx esquels il peut appartenir venans (?) pardeça le repeter estans detirez les frais de justice de sa détention et condamnation publiquement faicte il leur sera par nous restitue. A tant nous prierons Dieu vous avoir en sa saincte garde. Donne ce XIIᵉ daoust 1562.

II.

DOCUMENTS CONCERNANT CHARLES ET FRANÇOIS DE BOUCÉ

Arrêt contre Charles de Boucé, prieur d'Ambierle.

Du dixiesme jour de novembre lan mil cinq cens soixante deux.

Veu par la Chambre ordonnee par le Roy au temps de vaccations la requeste a elle presentee par le procureur general du Roy par laquelle et actendu que entre aultres personnes ecclesiastiques sentans mal de la foy et qui se seroient notoirement separez de leglise catholicque prins les armes contre le Roy et la couronne de France me sire Charles de Bouce prieur du prieure Sainct Martin d'Ambiere ou diocese de Lyon recognoissant tres mal les grans biens quil avoit receuz de Dieu en l'administration du bien de son eglise au lieu de semployer a la deffense et tuition dicelle auroit faict ruyner tous les autelz de sond. prieure, chasse les meynes (*sic*), prophane le sainct sacrement, faict cesser la messe et tout divin service prins et ravy tous les reliquaires et calices, presche et faict prescher, baptise enffans, enterre mortz et faict enterrer par ministres et predicans a la mode de Genesve au lieu d'Ambiere que aux lieux de Changy et de Roanne. Et non content d'avoir tenu et mene telle vie depuis l'an mil cinq cens soixante, au moys de may dernier, led. Charles de Bouce acompaigne de Francois de Bouce seigneur de Poncenat son frere, de Guillaume Durieu predicant, du capitaine Lagrille, Sainct Aulbant, Gilbert le Doyen seigneur de Clayne, Jehan Thevenyn, Nicollas de Montcorbier, seigneur de Pierrefite, et de huict enseignes de rebelles au Roy et huguenotz faisant le nombre de douze cens hommes ou plus auroient saccaige et pille les villes de Roanne, Sainct Haon, le chasteau de Mercigny, Charlieu et entierement expolie et ruyne les eglises desd. villes, acompaigne le baron des Adrez en toutes ses entreprinses et mesmes a la prinse des villes de Feurs et de Montbrison. Et oultre ce auroient

commis et perpetre plusieurs aultres execrables delictz et
crymes de leze mageste divine, et humaine, au grant detri-
ment de leglise catholicque, du Roy et de la Republique. Il
requeroit ad ce que telz enormes cas, forfaictz et pernicieulx
scandalles ne demeurent impugnyz ; actendu que tout exercice
de justice cessoit maintenant aud. pays de Lyonnoys estant
la ville de Lyon es mains des rebelles et aussi quen Roan-
noys ny avoit point de siege royal que certaines inquisitions,
informations et procedures fussent faictes de tout ce que
dessus par les officiers desd. lieux de Roanne, Mercigny et
Charlieu. Et ce pendent que les maisons, places fortes, fruictz
proufficts, revenuz et esmolumens tant dud. prieure d'Ambiere
que des biens dud. de Poncenat et aultres complices fussent
mys et saisiz en la main du Roy et au regime et gouverne-
ment diceulx respectueusement establiz commissaires non
suspectz. Et sur les biens desd. delinquans estre prins telle
somme quil plairoit a lad. cour adviser pour le recouvrement
de laquelle somme seroient venduz desd. biens ou fruictz
diceulx et les deniers qui en proviendroient fourniz par
lesd. commissaires pour faire et parfaire le proces desd.
delinquans. Et tout considere.

Lad. chambre a ordonne et ordonne que certaines inquisitions informations et procedures faictes de tout ce que dessus par les officiers desd. lieux de Roanne, Mercigny et Charlieu seront apportees par devers le greffe criminel de la court
Et a ce faire seront les officiers desd. lieux et aultres qu'il
appartiendra contrainctz par toutes voyes deues et raisonna-
bles Et en tant que besoing seroit, permect lad. chambre aud.
procureur general du Roy de faire plus amplement informer de
nouvellement sur les articles qui seront a ceste fin baillez
par led. procureur general du Roy a lenconstre desd. Charles de Bouce prieur d'Ambiere Francois de Bouce seigneur de
Poncenat, du Bourg prieur de Berat Guillaume Durier, Jehan
Thevenon et aultres leurs complices. Et ce pendent ordonne
lad. chambre que les maisons places fortes fruictz, prouffictz
revenus et esmolumens tant dud. prieure d'Ambiere que des
biens dud. de Poncenat et aultres complices seront prins
saisiz et mis en la main du Roy Et au regime et gouvernemeut
d'iceulx respectivement establiz commissaires non suspectz,

resseans et solvables qui feront dire et celebrer le divin service aud. prieure par gens de bien cappables et suffisans, payans les aulmosnes et toutes aultres charges acoustumees a la charge den rendre bon compte et reliqua a qui il appartiendra. Et faict lad. chambre inhibitions et deffenses a toutes personnes de quelque estat ou condition quilz soient de ne troubler ou empescher lesd. commissaires a leurd. commission sur peine de prison et destre pugniz comme rebelles au Roy. Et pour fournir aux fraiz des procedures et instruction dud. proces contre led. de Bouce et complices, Ordonne lad. chambre que sur les biens desd. delinquans sera prins la somme de huict vingtz livres paris. Et a ceste fin seront lesd. biens et fruictz diceulx vendus au plus offrant et dernier encherisseur, et les deniers provenans de la vente diceulx mis es mains des commissaires pour fournir aux fraiz desd. procedures et instruction dud. proces lesquelz deniers leur seront rabatuz et allouez en leurs comptes. (*Signe*) De Grieu, Gayant. — Demy escu.

(Arch. nat. X²², 131 (volume non paginé). A la fin : « Sensuivent les arrestz obmis a enregistrer en leur ordre, et premierement »).

[Document concernant Charles de Boucé, prieur d'Ambierle].

Du quatriesme jour de may mil cinq cens soixante deux a Paris.

Entre messire Charles de Bouce prieur et seigneur Dambierle aumosnier ordinaire du Roy, heritier de feu Marc de Lespinace en son vivant escuyer seigneur dud. lieu demandeur en execution et saisye de biens pour le paiement de la somme de VIII** XIX livres IIII sols X deniers tz. restans de la somme de deux cens soixante huict livres, douze sols, six deniers tz contenue en certaine executoire par luy obtenue contre damoiselle Odette Belle dame de Maulevrier et Darthais vefve de feu messire Philippes de Lespinasse d'une part, et Bertrand Malier fermier de lad. Belle deffendeur et opposant a lad. execution et saisye dautre. Et entre led. de Bauce oud. nom demandeur en delivrance de deniers estans es mains dud. Malier appartenans a lad. Belle d'une part.

Et led. Malier adjourne pour affermer quelz deniers il a entre ses mains appartenans a lad. Belle, et lad. Belle adjournee pour en veoir faire la délivrance aud. de Bouce aud. nom deffendeurs dautre. Et entre lad. Belle demanderesse et requerant l'enterinement de certaines letres royaulx affin de compensation par elle obtenues le XVIe jour de juing mil cinq cens soixante ung et dernier passe, et requerant la condamnation des despens de certain deffault par elle obtenu le XXVe octobre aussi dernier d'une part, et led. de Bouce aud. nom deffendeur esd. lettres et condamnations de despens dautre, et entre lad. Belle appelante de l'execution et vente de ses biens meubles d'une part et led. de Bouce aud. nom inthime aud. appel dautre. (*Signé*) Duboys, Forestier.

Le conseil parties oïes en faisant droict sur led. appel dict quil a este mal procede et execute, bien appele par led. appelant et a condamne led. intime es despens de lad. cause d'appel, dommaiges et interestz de lad. execution et faisant droict sur lesd. letres royaulx de compensation obtenues par lad. Belle a compense et compense lad. somme de deux cens soixante huit livres, douze sols, six deniers tournois contenue oud. exécutoire dud. conseil obtenu par led. de Bouce contre lad. Belle jusques a la concurrance de pareille somme sur la somme contenue en aultre executoire dud. conseil obtenu par lad. Belle contre led. feu Marc de Lespinasse sans despens de lad. instance et dud. default, et pour le regard dud. Mallier led. conseil a mis et mest lesd. parties hors de court et de proces et sans despens.

(*Signé*) F.
(Archives nationales V⁵, 62 (à sa date).

Arrêt concernant Charles et François de Boucé du 27 février 1562 (vieux style).

Veu par la court l'information faicte par ordonnance dicelle a la requeste du procureur general du Roy a lencontre de Charles et Francois de Boucé freres et autres seditieux de la ville de Rouanne et lieux circonvoisins ensemble les conclusions du procureur general du Roy auquel l'information auroit este communiquee et tout considere, lad. court a ordonne et ordonne lesd. Charles de Bouce, prieur Dambierle et Francoys de Bouce sieur de Poncenat, ensemble le cappitaine Sainct Aubant, Benoist le Doyen, sieur de Chaire, Nicolas de Monturbier, Jehan Thevenon, Christophle et Loys Thevenon enfans dud. Jehan, le capitaine La Grille, Guillaume Durier et Jehan Destournieres serviteurs desd. de Bouce, ung nomme Joux naguieres religieux dud. prieure, ung nomme Ladvocat Bururd estre prins au corps et amenez prisonniers es prisons de la consiergerie du Palais, pour illec ester a droict et estre contre eulx procede ainsi que de raison et a faulte de les pouvoir aprehender au corps seront adjournez a troys briefs jours a comparoir en icelle court sur peine de bannissement de ce royaulme, confiscation de corps et de biens et destre actainctz et convaincuz de cas a eulx imposez et tous et chascuns leurs biens saisiz et annotez mis en la main du Roy pour soubz icelle estre regis et gouvernez par commissaires à la charge den rendre bon compte et reliqua quant et a qui il appartiendra. (*Signé*) de Dormans, M. Chartier.

(Archives nationales X₂ₐ, 13o fᵒ 298 vᵒ. En marge est écrit : « Ne sera communicque ne delivre ains biffe comme dessus »).

Acquisition du château de Rouillères, faite par le sieur Poncenat, en 1563.

[Reçu] de noble Francoys de Bouce, seigneur de Ponsonat et baron de Lespinasse par quictance du neufviesme jour de decembre an Vᵉ LXIII la somme de Vᵐ IIIᶜ livres. Pour la vente et delivrance que luy a este faicte par messieurs les commissaires deputes par le Roy a la vente et allienation du temporel des biens ecclesiasticques du diocese de Lyon, de la maison fort et chasteau de Rouillere et du pre de Cousture joignant lad. maison, du grand estang de Poissie avec les servis y joignans et des servis deubz sur le molin estant sur led. estang. Et du bois de la Poissie et du petit estang y joignant en toute justice haulte moyenne et basse, davantaige de la paroisse de Sainct Romain de Espinasse concistant en cens et servis, avec toute directe et de la prevoste de Sainct Haon le Chastel et Sainct Haon le Vieulx et Sainct Romain

et de la prevoste de Renaison et de Chirus (1) avec toute seigneurie et directe et de la moytie de la justice de Renaison
avec le Roy pour l'aultre moytie, plus de cinq sestiers froment
mesure de Sainct Haon, vingt quatre peinctes d'huille de
cens et servis avec toute directe et seigneurie par led. sieur
de Ponsonat lesd. sieurs de Pierrreficte Gaspard Gascon et
Gaspard James deubz sur la dixme de Sainct Haon lesglize
Toutes lesquelles directe et justice deppendans du prieure
Dambierle estimees en revenu annuel à la somme de deux
cens huict livres tournois cy — V^{xx} III^c livres.

(Arch. nat. G⁵, 1236, pièce A, « Estat au vray de recepte
faicte par maistre Nicolas Mole, conseillier du Roy et rece-
veur general de ses finances estably en generalite de Lyon
des deniers provenus de la vente du temporel des biens
ecclesiastiques de ladicte generalite jusqu'au dernier
jour de decembre mil cinq cens soixante trois dernier passe
et depuis led. dernier decembre, jusques au XVe febvrier
ensuyvant », n° 36).

---

(1) Chirus doit être identifié avec *Cheries*, *Charies*, Chérier
(Loire), où le prieuré d'Ambierle possèdait des rentes. V.
Terriers d'Ambierle, aux archives de la Diana, analysés dans
le *Bulletin*, III, 163.

III.

ARRÊT CONCERNANT LES RUINES ET DÉMOLITIONS FAITES A CHARLIEU.

Du vingt ungiesme jour de janvier 1552 *(vieux style)* en la Tournelle criminelle au conseil ou estoient messieurs *(les noms n'ont pas été inscrits)*.

Veue par la court linformation faicte par ordonnance dicelle a la requeste de maistre Jacques de la Magdelaine prieur de Charlieu touchant les ruines et demolitions faictes tant aud. prieure que en leglise parrochial *(sic)* dud. lieu, conclusions du procureur general du Roy et tout considere.

La court ordonne que maistre Loys de Larivoire ministre, maistre Philibert Aubeaufilz aussi ministre seront prins au corps quelzque part que trouvez pourront estre en ce Royaulme et amenez prisonniers soubz bonne et seure garde es prisons de la consiergerie du palais a Paris pour ester adroict. Et ou prins ne pourront estre seront adjournez a troys biefz jours en lad. court sur peine de bannissement de ced. Royaulme, confiscations de corps et de biens et destre actainctz et convaincuz de cas a eulx imposez pour respondre aud. procureur general du Roy a telles demandes, requestes et conclusions quil vouldra contre eulx prendre et elire et aud. de la Magdellaine a fin civile seullement et oultre proceder comme il appartiendra. Et seront tous et chascuns leurs biens, meubles et immeubles (au cas toutesfoys quilz ne puissent estre prins au corps) saisiz et mis en la main du Roy et soubz icelle regis et gouvernez par bons et suffisans commissaires qui seront tenuz en rendre bon compte et reliqua quant et a qui il appartiendra, et que par la court sera ordonne. Et oultre ordonne lad. court que Pierre de la Rivorie, Pierre filz dud. messire Loys ministre, Claude Blanc, Philbert de Reu, Jehan Boissellet, le grant Andre Montelune de Perreux, Anthoine Chassipot, Jehan Barillot, maistre Jehan Morin, Mathurin Delabarre et Pierre Mabillot seront adjournez a comparoir en personne en icelle court a certain jourt pour estre oys et interrogez sur le contenu de ladicte information et respondre ausd. fins, ausd. procureur généra[l] et de la Magdelaine ainsi que de raison.

(*Signé*) De Thou, Anjorant.

Il est retenu *in mente curie* que en (*sic*) comparessent (*sic*) en lad. court par lesd. Pierre de la Rivoire, Pierre filz du maistre Loys ministre, Claude Blanc, Philbert de Reu, Jehan Bloisselet, le grant Andre Montelune de Perreux, Anthoine Chassipot, Jehan Barillot, maitre Jehan Morin, Mathurin de la Barre et Pierre Mabillet seront retenuz e. amenez prison-niers en la consiergerie du Palais. (*Signé*) de Thou, Anjorant.

(Arch. nat. X²², 130, fᵒ 174 vᵒ. En marge est ecrit : « Ne sera communique ne delivre ains biffe comme dessus ».)